Vitalie Răileanu

singurătate în vid

MediaTon, Toronto, Canada, 2018

Loneliness in the void   **Vitalie Răileanu**   *Singurătate în vid*

Library and Archives Canada Cataloguing in Publication

Răileanu, Vitalie, 1959 -, author

Loneliness in the void:

Lyrics in Romanian by Vitalie Răileanu

Graphics: Mihai Cătrună, Bucharest, România

Design and composition: Maria Tonu

Issued in print and electronic formats.

ISBN: 978-1-7751837-8-5 (softcover and PDF)

Published by MediaTon, Toronto, Canada, 2018
http://mediaton.ca/about-us
Printed and Bound in Canada by Sun Printing.
Canadian sales representation:
DBA MediaTon,
www.mediaton.ca
Moldovan sales representation: Vitalie Răileanu

Singurătate în vid   **Vitalie Răileanu**   *Loneliness in the void*

Biblioteca și Arhivele de Catalogare în Publicație, Canada

Răileanu, Vitalie, 1959 -, autor

Singurătate în vid: Versuri, autor Vitalie Răileanu

Grafică: Mihai Cătrună, București, România

Concept și compoziție: Maria Tonu

Emitent în format tipărit și electronic.

ISBN: 978-1-7751837-8-5

Editura MediaTon, Toronto, Canada, 2018
http://mediaton.ca/about-us
Imprimat și legat în Canada, Tipografia Sun Printing.
Reprezentanța canadiană de vânzări:
DBA MediaTon
www.mediaton.ca
Reprezentanța de vânzări în R.M.: Vitalie Răileanu

3

Vitalie Răileanu
scriitor, critic literar
Directorul Bibliotecii "Onisifor Ghibu", Chișinău

"Omul de cultură versus criticul literar (pe care îl reprezint) duce un triplu dialog: cu scriitorul, cu opera literară și cu Măria Sa cititorul. Nu e greu de observat însă că, nu arareori, dialogului îi este preferat monologul. Și nu o dată monologul în oglindă."

Linişte

Câtă linişte între aceşti patru pereţi de spital.
Abia de mai desluşesc pocnitul picăturilor de ploaie.
Straniu, dar m-am obişnuit şi cu această singurătate.
Şi iată mă zbat a patra zi ca un ou de chihlimbar,
De pe o plajă cu nisip alb din Liepaia;
Dar e bine şi mă bucur că-i linişte
şi simt clipa când emană speranţă,
când toate se uită încât nu mă deranjează
nici seringile pentru perfuzii, ce-mi sparg venele,
nici mirosul de spirt etilic,
nici aroganţa sorei-asistente…
Toate se clasează, desfăcând învelişul prezentului,
aruncându-mă către pânza zilei de mâine.
Ce linişte aşteptată de mine,
aici,
între aceşti patru pereţi de spital,
în salonul cu numărul 4.

***

Astăzi:
– mi-ai tăiat retina ochiului
stâng,
cu privirea ta felinică.

Ieri:
– în zadar încercai
ca o leoaică gestantă
să mă surprinzi,
deoarece în afară
de ochii tăi mijiţi
şi părul roşcat
nu mai ai nimic comun
cu felinele.

O să-ţi mai spun şi asta!
Simt că te perinzi din
amintirile mele

ca o matinală adiere a vântului Bora,
te strecori din memoria mea
ca o moluscă dintr-o scoică
spartă.

Mâine:
– iarăşi vei pleca
în această singurătate
atât de generoasă cu mine.
Află că îţi voi scrie SMS-uri
şi îţi voi trimite nişte poze,
în negru-alb,
fără urme de regret
că am fost cândva
mai convingători…
ambii…

Cel puţin,
aşa crezi tu.

În vârful Capului Fiolent

scurtez cu privirea până departe

neliniştea mării

dar anii rămân a

fi aceeaşi

aici

la *Capul Fiolent*

şi cormoranii neadormiţi

copii înfiaţi ai tărâmului

îmi ţipă isteric în urechi

când privesc apusul soarelui în Marea Neagră

nostalgic

mă înnod

cu un fir nevăzut

cu vântul sărat

cu nisipul alb

cu pescăruşii înfiaţi de amintirile mele

cu patima destrămată

de zborul sufletului meu

amerizat în golful

ce muşcă din roca seculară

a *Capului Fiolent*

care mă-ntrebă

dacă

şi eu

plecând în larg

nu voi uita apusul soarelui *fiolentin*

***

amanta mea…

era o feministă incurabilă

în opinia ei

desigur

dar cu trăsături moderniste de caracter

însă

în după-amiezile toride

devenea o femeie candidă

măritată

de-ţi venea să-i pictezi chipul

cu *hermina* pe braţe

bine că noaptea ne învelea în plapuma ei

şi ea

amanta mea

feminista incurabilă

îşi dezvelea

ochii

buzele

sânii

coapsele

picioarele *daianice*

şi devenea actriţa spectacolului

a la Caligula

apoi

după ce obosea

căuta la marginea patului sticla cu

Coca-Cola

şi pachetul cu ţigări mentolate

mi-adie-a mintă

şi

din când în când

vorbea

despre orgoliul ei de feministă

probabil exagerez

ea

amanta mea

era o femeie frumoasă

o feministă incurabilă

cu trăsături de caracter moderne

11

Răzbunare

ai încercat să mă scoţi la XEROX

cu toată singurătatea mea

cu tot cu mutra mea posacă

cu beteşugurile mele cardiace

cu tot ce am în mine

acum

copiile calde scâncesc

pe teracota rece

iar poemele mele marine

stoarse şi ele de tăvălucul copiator

se scurg pe mâinile tale cu miros de *Tabacco Flower*

ajungând până la unghiile ce aşteaptă oja acetonică

şi

apoi

cad umede

pe preşul de la intrare

dar

ele

poemele mele

pleacă odată cu mine

reuşind să se agaţe

de talpa adidaşilor mei

şi eu

iarăşi

rămân cu singurătatea mea

La Sevastopol

Îmi place să revin pe cheiul acesta,

din marmură albă,

ca un leu de mare,

născut din vuietul valurilor

şi iată că trece,

din nou,

peste mine

vara din această peninsulă

care a fost a tătarilor,

a turcilor,

a ruşilor,

iar acum… e a unui război…

Trece,

nu ştiu cum,

grăbită,

vara Sevastopolului.

Un furtunar bătrân

bate din aripi deasupra-mi,

sau poate aşa mi se pare?

Toate s-au perindat

şi iată că mă cheamă

doar nenorocita, străina amintire.

Pe cheiul acesta de marmură albă,

sunt ca un leu de mare,

născut din urletul valurilor.

Nelinişte

timpul a început să fugă

fuge pe lângă mine

şi-n toate rămâne un suspans unduit

ca în trecerea vântului

furia ta s-a potolit

răul din noi s-a scurs

şi totuşi

în mine

mai stăruie

un gust amar-sărat

din clipele târzii ale nopţilor

noastre

aproape fericite…

***

citesc...

în Biblioteca mea am aproximativ toate cărţile

din *Librăria din Hol*

chiar şi ale scriitorilor diletanţi –

poezie

proză

dramaturgie

jurnal de călătorii

sau memorii

mă dezgustă *levantismul* lor

şi încep să înjur

ca măturătorii matinali

din Grădina Publică

atunci când le treci prin faţă

nu mă satur să citesc

astăzi mi-am cumpărat

din *Librăria din Hol*

trei volume de –

poezie

proză

dramaturgie

ale unor debutanţi necunoscuţi

dar foarte buni

mă consolez eu

Ţie

şi mâine

dis

de

dimineaţă

spărgând tăcerea pădurii

vei deştepta cărăruile cunoscute doar de tine

îndrăgostiţii nocturni vor fi osteniţi de

săruturi

şi te vor privi destul de banal

îmbrăţişând liliacul cu petale albe şi mov

iar tristeţea

ca o materie de ploaie matinală

va desfrunzi prin dimineaţa ei

alte voci

mai rotunde peste trezire

tu

şi

ei

surprinşi

zâmbind

o să vă despărţiţi

până la semnalele dimineţii ce se vor undui în ecou

contemplându-vă prin verdele ochilor tăi

dar partea de umbră

din această dimineaţă,

ce se întâmplă cu ea?...

***

pădurile varec

sunt destul de dese

de aici nu întrezăresc Crucea de Sud

nici Calea Lactee

caut o călăuză fidelă

astfel

de la un timp

încerc să comunic cu cineva

însă cuvintele mele

rătăcesc şi ele

în aceste păduri varec

şi rămân agăţate de scoicile sparte

de mareele semidiurne

***

te sperie această dispariţie a mea

printre regenţe şi cetăţi scandinave părăsite,

dar care rezistă în timp?

aici

mă simt atât de bine

în privirile roş-verzui ale muşchilor

şi lichenilor de stânca

de pe insula *Loften*

încât sălciile pitice –

arcuri formate de vânturile isterice şi reci, –

mă lovesc dureros peste ochi,

dar eu nu simt nimic,

însă,

împiedicându-mă să admir

lăstunii bătrâni

adormiţi în cuiburile reci

clădite din aşchii de piatră de mare

şi alge parfumate.

aici,

mă simt confortabil

şi aud cum toate se topesc

în faţa puterii de a înţelege

ceva,

aici oamenii se lasă distruşi

fără speranţă

de propria lor dependenţă.

***

simt

cum mă consumă timpul

şi mă îndepărtează

de generaţia mea

mă strecor încet printre oamenii matinali

înjurându-l şi eu

în gând

pe primarul oraşului

trec grăbit pe străzile avariate ale Chişinăului

atât de umede

atât de înguste

atât de străine

axul timpului

îmi toarnă plumb în venele picioarelor

şi nu mai reuşesc

să păşesc atent pe drumul gumilastic

dar

paginile albe ale manuscriselor mele

mă forţează să zbor prin amintiri

atunci

mă înfăşor în cearşafuri albe

senzuale

spălate de mamă-mea

de pe care au dispărut petele negre

ale (ne-)norocului meu

pe care-l port fidel

iată de mai mult timp

la...

la...

lavalieră

încerc să şoptesc cuvinte multe

plămădite dintr-o bucată de lut verde

şi atunci

axul timpului

săgetează prin vertebrele mele

obosite de luxaţii

ajutându-mi

să-mi cenzurez singurătatea

mă strecor atent printre trecătorii matinali

ai Chişinăului

grăbit

las în urmă Grădina Publică

cu aleile proaspăt măturate

şi trec peste axul timpului prezent

***

părea a fi o dimineaţă obişnuită. mergeam grăbit spre
staţia de autobuz.
apoi mi se opri răsuflarea.
m-am oprit, înghiţind aerul îngheţat
şi cu ochii.
am vrut să chem pe cineva.
ţipenie, numai eu, un nebun matinal,
care iese din casă la cinci dimineaţa.
mi-am umflat pliurile pulmonare
şi am mai făcut trei paşi, doar trei –
unu,
doi,
trei…
sprijinindu-mă de o balustradă nichelată
a unei farmacii, pe frontispiciul căreia
sclipeau luminile neonice, indicând – *Hippocrates*…

m-am resemnat, deşi îmi uitasem deja numele.

ambulanţa m-a adus la Institutul de Cardiologie,
Secţia Cardiologie Funcţională.

în regiunea sternului –
destinul.

Alexandru, şeful secţiei, un vechi prieten de studenţie,
m-a consolat:
– e bine…, putea să fie rău de tot…

am fost expus investigaţiilor.
eram un cobai experimental
cu un picior
într-un divorţ cu această lume…
mi s-a părut că e cu mult mai rece,
acest divorţ,
decât cel pe care l-am gustat,
cândva,
pe 12 noiembrie 2006…

a urmat raportul ecocardiografic,

color doppler,

executat de un imens aparat de diagnoza medicală –

Philips HO11XE:

Aorta: inel – 38 mm.

Atriul stâng – 44mm.

Ventriculul stâng: DTD…, DTS…, FS…, SIV…, VTO…, VTS…,

FE…, PPvs…, VB…, DS…, IC – în afara normelor.

Ventriculul drept…

Atriul drept…

Valva aortică – indurată (citisem – îndurerată!).

Valva mitrală – discordantă.

Valva tricuspidă – calcifiată.

Valva pulmonară – îngroşată.

Pericardul – subţire…

Concluzie: Hipertrofie de gradul II.

se tu.

m-am uitat în interiorul meu.

sunt eu, dar altul.

aştept, poate vine cineva să mă întrebe dacă nu vreau la

baie.

nimeni.

în salonul nr.4 e rece.

aştept.

m-am plictisit.

bine că foaia cu raportul ecocardiografic e albă, pe verso

–

scriu...

leg cuvinte negre ca să mă încălzesc

şi deoarece hârtia e prea subţire,

cuvintele, mincinoase şi ele cu mine, au început să se

evaporeze.

atunci am preferat să scriu pe creierul meu,

el e cald, creierul meu e

lucid şi visător.

scriu apăsat, amprentând sintagme reci.

o clipă!

de ce vorbesc la prezent?

deci,

scriam apăsat de-mi plesnea tunica conjunctivă a ochilor,
din glandele lacrimale picurau leucocitele sărate,
spălându-mă de păcate.

am scris până când am simţit că poemele mele,
calde-reci,
nu mai încap în urna craniană.

timpul trecea anevoie.

bine că memoria, amintirile şi singurătatea nu mă
părăsesc.
acum sunt gata să înfrunt şi alte încercări
ca să dau de mine,
ignorând,
contractilitatea regională a miocardului VS
din care cresc amprente masculine.

***

de câteva zile şi nopţi marea iubeşte:

cu muşchii valurilor

cu algele roşiii şi verzi

cu nisipurile albe şi sterpe

cu orgia ploilor

cu ţărmurile misogine

cât de mult mă bucur

că marea se răzbună

pe obsesia mea

tăiată în felii

şi indică timpul trecut

ce plânge sarcastic

pe o faleză uitată de mine

***

ştiu că ţi-ai transformat fericirea

într-o povară

astfel

ai săpat cu unghiile

golul dintre tine şi mine

în faţa timpului fericit

precum în faţa Zidurilor Ierihonului

astăzi spargi globurile de sticlă fină

în care se adăposteau

visele nerealizate

vreau să-ţi amintesc –

cerberii nu îmbătrânesc

***

mi-am aruncat privirea în sus

şi am observat

cum propria noastră galaxie

Calea Lactee

împletea plasa nopţii

de un negru-catran

într-o materie

ce ar putea prevesti

o altă explozie uriaşă

numită *Big Bang II*

prin care n-ar trece lumina

zilei/nopţii

acest înveliş

presupus

interzis

îmi va (re)aminti de singurătatea

mea

care-mi umple acu gura

cu un mucus salin al regretelor

din care picură cuvinte

strâns

dens

ţesute

cu numeroase poeme în starea lor actuală

ce îmi probează admiraţia

pe care o aşteptam

sunt o pată din

timpul

spaţiul

energia

acestei materii ce continuă să se dilate

care s-a încurcat

de tot

în ochiurile (de sticlă a) plasei de noapte

acesta sunt eu

e

despre mine

şi-mi place la nebunie

materia

universul

prin care nu trece

nici lumina nopţii…

***

panglici negre cu ancore albe

şi un girometru maritim

adus(-e) ţie

au fost atât de fireşti

încât am reuşit să părăsesc

magnifica *Half Moon Cay*

a singurătăţii

şi din această clipă

dispreţuiesc heliotropele

şi parfumul lor tăios

abia acum

eu

omul care suferă de helioză

în care doar papiloamele benigne

mai păstrează vigurozitatea

devin util/inutil pentru ea

iar fracţiunile smulse din visele amintirilor

sau adunate cuminte

pe fibrele roşii ale creierului meu

dezvelesc

inocent

suprafeţe de peninsule surmontate

în trecut

de mine

care

îi va ajuta

pe unii

sau pe unele

să deceleze un orientar relativ…

Singurătate în vid   **Vitalie Răileanu**   *Loneliness in the void*

***

femeile

care vor să pară amabile

vorbesc foarte repede

încât nu prea reuşeşti

să le nţelegi cuvintele rostite

adesea

încearcă să-ţi vorbească

chiar politicos

ele glisează printre sintagmele

din împletitura de lemn

şi emană un parfum

cu un plăcut efect stimulator

greu de identificat

din această clipă

asupra-ţi atârnă o perdea fină

de musclină

femeile vorbesc…

Zâmbeşte

te-aşi cuprinde între buze
să te fac să zâmbeşti
iar apoi să-ţi ascult blestemul fericirii
rostit de tine
zâmbind
ştiu că sunt o frumoasă pradă
după ce ai trecut reflexele palide ale
luminii din noi
după ce ai legănat
alintatul
zâmbetul
şi somnul

azi
nu vei mai simţi tâmpla ta lângă a mea
şi nici vraja subtilelor narcoze zâmbitoare
zâmbeşte…

***

din porturile Indiei

murdare şi supraaglomerate

şi astăzi mai sosesc cargouri ce transportă ceaiuri

amestecate cu bergamot

un rumeguş de lemn mirositor

englezii vicleni

ni-l oferă cu lapte

pentru a fi siguri

că ne bat în uşa gastronomică

invitându-ne să-l cumpărăm

ştiind că nu putem refuza

în noaptea

în care n-am mai venit

am băut doar ceai *Earl Grey* cu bergamot

Loneliness in the void   **Vitalie Răileanu**   *Singurătate în vid*

mai simt o urmă de tandreţe scăpată

de plecarea mea

iar masca unei tristeţi întinse pe chip

ca o a doua piele

tu ai turnat-o într-o sticluţă cu opiu

din care-mi picuri

câte un strop

în cafeaua de dimineaţă

pe care nu mi-o mai prepari

ştiu că ai vrut să rămân cu tine

de n-aş fi un singuratic

aş fi dorit să invit ziua de marţi

una de blestem (în viziunea mea!)

şi să ne închidem în ea

ca în uterul virgin al unei tinere cadâne

aici

ţi-aş fi povestit până în zorii zilei de vineri

alte fragmente din „Oglinda aburită"

eseuri(-le) conversaţionale

scrise de Ion Mureşan

oricum

ce aş mai fi avut de făcut

însă

cât de păgână este ziua

în care ai spintecat dragostea mea

printr-o decizie cu păcat

care mai coase timpul trecut

aproape pe viu

fără mare grabă

ca pe o rană

care nu se va cicatriza

niciodată

de fapt

urâtă este acea licoare

otrava picurată în cafeaua mea

mai scumpă decât ceea ce-a fost

aşa ai crezut tu

pentru că

este făcută din sângele nostru

din fericirea noastră

din trecutul prin care am creat ce am reuşit

şi doar din două treimi din dragostea noastră

la perfectul compus

astăzi

o să-mi beau cu plăcere

ceaiul negru

Earl Grey

cu amar de bergamot…

Despre fericire

e o prostie să afirmi

că sunt doar

oameni fericiţi

pentru că nimeni nu vrea să recunoască

existenţa unei alte lumi

lumea celor trişti...

oamenii trişti

amestecându-se cu alţi oameni trişti

se înţeleg de minune

lăsaţi să fie trişti

ei simt nevoia de a se ascunde

în baruri

subsoluri

case părăsite

sau în miezul parcurilor

deoarece nu vor să se tăinuiască

în cămine

garsoniere

apartamente

spitale

penitenciare

cimitire

atâta tot

ei sunt trişti

doar că

se visează cei mai fericiţi

Motiv cu efort contestat

adesea
bărbaţii abili
pleacă din familie
singuri
fiindcă
nu mai pot scăpa
de singurătate
şi alţi bărbaţi
pleacă
din familie
însă multă lume
nu-i înţelege
atunci
aceştia
asemeni lui Egill Skallagrimsson
poetul pirat
însinguraţi
se trezesc
bărbaţii buni
fug departe-departe
să nu fie ajunşi
din urmă

Loneliness in the void   **Vitalie Răileanu**   *Singurătate în vid*

de alţii

ca

ei

"Evadare"
artist Mihai Cătrună, Bucureşti, România

Eugen Cioclea oferind lecţii de poezie

Dacă doriţi să fiţi şi voi geniali,

scrieţi o poezie să fie înţeleasă

şi de târfele de pe strada Albişoara

sau, chiar,

de un profesor de

limbă şi literatură română!...

Zicea Eugen Cioclea.

***

de astăzi

voi zbura în adeziune

cu aripile strâns claustrate

din această zi

de octombrie

sunt cel mai disperat om pe care l-ai creat

toate-s la timpul trecut

şi ochii mei nu vor aduna/căuta

frumuseţea corpului tău

chiar dacă te convingeam

cândva

că eşti cea mai încântătoare

cu mari cercei de aur

tu în zadar te-ai întristat

că nu voi plânge nici cu ochiul stâng

dar sunt străinul pe care l-ai creat

vreau să-ţi mai spun

că doresc să-ţi împrumut

astăzi

fâşii de piele

de pe braţele şi omoplaţii mei

să-ţi coşi aripi membranice

şi să reuşeşti să zbori undeva

departe

nu te bucura

că vei fi la *singularia tantum*

ca şi unicatul volum

De destines de l'ame

al francezului Arsene Haussaye

cu coperte confecţionate

din piele de om

Loneliness in the void   **Vitalie Răileanu**   *Singurătate în vid*

doar că pe aceste aripi

nu vor fi imprimate

însemnele porilor din pielea mea

eu

nu sunt

chiar

un cadavru

al unui suferind

iar tu nici n-ai auzit de Alan Puglia

custodele tomului legat

din pielea prelevată

de pe corpul unei femei suferinde

care murise de boli mintale...

eu sunt nebunul

ce ţi-ar permite să tai suprafeţe de piele vie

de pe braţele şi omoplaţii mei

Singurătate în vid   **Vitalie Răileanu**   *Loneliness in the void*

în fine
sunt cel mai descurajat om
pe care l-ai creat din
vise
lacrimi
sânge
sare
şi nisip negru
de mare nordică
dar vreau să te asigur
că
de astăzi
eu voi fi
cel de-al şaselea om
cu implant
by-passe
pe care l-ai cunoscut
cândva

Dimineaţa cireşul înflorit

Te voi invita în acest anotimp al nostru
prin livezile pline cu flori de cireş
care au vârsta săruturilor.

E atât de frumos să priveşti floarea de cireş înflorită
când ierburile sunt verzi
şi fragezi şi lungi încă muşchii picioarelor.

E atât de bine şi cald
să adormi cu petale de cireş lipite pe pleoape
şi cu polenul-parfumat împrăştiat
răvăşit pe buze,
ochi,
pe sâni.

Probabil că e foarte uşor

să umbli descult prin petale albe de cireşi

să simţi cum se scutură căldura şi frigul

din care am venit, spre care vom merge,

dar mai avem timp de-ajuns

sau putere destulă

să-l facem poem într-o antologie.

Aceste dorinţe cu cireşi înfloriţi

vor merge cu noi

până în anotimpul culesului cireşelor coapte,

trebuie numai să le ştim a culege,

cireşele,

să învăţăm să le semănăm sâmburii iarăşi şi iarăşi

acolo unde le stă bine,

pretutindeni, pe unde am păşit…

***

Priveam atât de singur

oglinzile mici de pe apa neîncăpătoare,

iar în spatele meu ploua infernal,

doi delfini pătaţi lăsau urme tăiate

pe suprafaţa apei

dintre Mediterană şi Atlante

care, duce, până după porţile Gibraltarului.

Brrr…

Câtă singurătate e în urma mea…

***

e liniştea nopţii berlineze

eu

ating cu vârful degetelor

pietrele şlefuite de timp

din această piaţă –Gendarmenmarkt

capodoperă arhitecturală

de două secole

concepută de Friedrich Schinkel

peste care acu

încep să cadă

acorduri muzicale

smulse din partea de încheiere a simfoniei

Imnul Bucuriei

de Ludwig van Beethoven

acorduri

care au spart şi sticla mozaicului

din ferestrele Konzerthaus (-ului)

Loneliness in the void   **Vitalie Răileanu**   *Singurătate în vid*

te invit

aşază-te pe aceste pietre mai lucioase

decât un ochi de ciclop

şi ajută-mă să culeg cioburile notelor muzicale

care n-au încăput

în singurătatea şi bucuria mea

e liniştea nopţii berlineze

încerc să simt cu vârful degetelor

amprenta notelor muzicale beethoveniene

pliate în pietrele de pe caldarâmul

Gendarmenmarkt-ului

plină de lună vie

şi aviditate

e liniştea nopţii berlineze

***

Sunt cel care suferă

de *Reisefieber*

mă ascund într-o nemulţumire

secretă

a caracudei poetice

chiar

dacă îmi pasă

de *timpul morţii*

perceput în biblioteci

cu mâna dreaptă

îţi voi descrie chipul

ochii

buzele

sânii…

iar cu stânga

îţi voi desena portretul

apoi

îmi voi revezui diagnosticele

să-ţi spun

că nu te-am uitat…

Singurătate în vid   **Vitalie Răileanu**   *Loneliness in the void*

Poeme din volumul – *Imun la naupatie*

aşteptare pe cheiul nocturn

am datoria faţă de mine
să te aştept iarăşi
sâmbătă sau duminică
mai mult ca oricând
pe cheiul nocturn

te voi aştepta
ştiutor că nu vei veni
ca urmare a unor erori

te voi aştepta
vei reveni
amintindu-ţi de tine
de mine

am datoria să te aştept până la sfârşit
pe cheiul bătrân…

pe aripa zborului îndărăt

astăzi plouă infernal

iar eu voi zbura îndărăt

ochii mei vor prinde crestele valurilor uriaşe

şi mâinile se vor lipi de tâmple

meduzele albe se vor agăţa salbă la gât

şi

interesându-se

înspre amurgul zilei

despre călătoria în *Okeanos*

vor dispărea…

obosit, mă întreb: o să mai gust din amarul unui cuvânt

aflat pe aripa zborului îndără

am auzit

am auzit cum tace o stâncă de dor
de pe *Capul Bunei Speranţe*
la cel mai de sud petic continental
drumul stelar şi *Crucea Ziluidică*
nu-mi mai arată calea spre tine
iar furtuna năprasnică îşi înfige furia în buzele tale
întinzându-le arcuirile
prefăcându-te într-o străină statuie de sare
rămasă în frigul antarctic
şi dacă eşti *arcuită*
de frig
şi de ură
cum să te caut?
să strig
poate
spre cele patru vânturi şi cele şapte porturi!
mă vei auzi?

Singurătate în vid   **Vitalie Răileanu**   *Loneliness in the void*

mă confiez...

cum o să mă destăinui mărilor

în zori de zi

sau în plină noapte?

cum o să înot lângă delfinii gri

fiind acoperit de algele roşii-verzui

apatoase?

cine mă aude

şi-mi strigă numele în gura vântului Nord-Est

spintecându-mi inima cu dinţi de recifi

şi lăsându-mă pe aripa fregatelor rătăcite de ţărm

mă confiez…

Loneliness in the void   **Vitalie Răileanu**   *Singurătate în vid*

privind în largul mării

de pe acest mal abrupt

privesc safirul apelor nemărginite

soarele îmi orbeşte

cu aurul lui

ochii

şi încep să plutesc

să cresc din vis

în tristă amintire

mai fac curbură delfinii săritori

orizontul leagănă iar caravela cu catarge

şi eu privesc în larg

căutându-te pe Tine

dânsa

dânsa este fiinţa care a mers cu mine peste mări şi oceane

şi iată că a plecat cu Golfstreamul pe care-l îndrăgise

numai ea

unde s-o caut? Peştii zburători tac

şi nici briza mării nu spune nimic

mă acopăr cu scoici mărunte chiar până a intra în

Gibraltar

poate meduzele roşii vor face ospăţ din tristeţea mea

şi atunci

mă voi întâlni

iarăşi

cu dânsa

care a plecat mai devreme ca mine

în al nouălea val furios

nord

ştiu că nu mă aşteaptă nimeni în portul de ataş
şi voi rămâne aici
în larg
lup de mare care trece prin Fiordurile Norvegiei

încorsetat de cristale reci de gheaţă nordică
nu adun diluvii pentru tine
iubito…

ce vis încordat
ce tânăr e visul ce taie însemne pe braţele mele

şi iată
înot
spre alte Fiorduri
mai nordice
mai nordice…

corabia mea

în noaptea largă şi umedă

a golfului Guineea

la paralela de 9^0 de la Ecuator

îmi rătăcesc gândurile prin monotonia valurilor

apoi

îmi caut numele şi mă întreb:

unde-s norii grei oceanici

plini de fulgere?

şi oraşele *portuare* „cucerite" cu poemele mele

încă nescrise,

unde-s?

corabia mea nu mai parcurge mile maritime,

este aici,

în adâncul golfului Guineea,

împrăştiată,

dezmembrată,

dar mai viguroasă

şi...

mai viguroasă...

bătrânii mateloţi

şi azi mai dăinuiesc bătrânii mateloţi
prin mări şi oceane
au frunţile grele şi ciupite
de sarea talazurilor
iar în ochii lor strălucesc
stelele călăuzitoare
şi
poate... poemele mele
unii s-au oprit în saga
despre vânătorii de caşaloţi
cu inimile ascultând adâncurile mărilor şi oceanelor

bătrânii mateloţi şi-au înfăşurat trupurile
cu o ceaţă densă
ca pe Insulele Normande
şi ascultă saga
eu aştept lângă orizonturi furtuna de mare
prin care vor trece Bătrânii mateloţi

te implor

mai vino
te implor
şi-mi şopteşte
aşa cum
niciodată n-ai mai şoptit
că mă urăşti
iar eu din ochii tăi voi aduna
blestemul plecării

mai vino
şi eu te voi ascunde-n mine
şi-ncet îţi voi vorbi despre Oceane

sunt aici

chiar în preajma ta
ia-mă tu
de ceasuri
de zile
te implor
mai vino de mă ia

şi-acolo unde e numai apă imensă
sub recea privire a stelelor
ca ceţurile fiordice
prin venele mele să treci
te implor
mai vino

am iubit marea

am iubit marea la prezentul actual

pe timpuri...

astăzi nu mai am chef şi nici puterea s-o privesc

în zbaterea sa uriaşă de energii primordiale

sunt insul cu alură de corabie naufragiată undeva pe malul

de Platină

repliat într-o aşteptare

ce nu-mi poate înşela instinctele

uitat în cartul rondului de noapte

pe prora umedă şi încătuşată de cristale sărate

par un timonier pe care nu-l va mai schimba nimeni

niciodată...

trist

sunt trist ca un sfârşit de toamnă...

respir aerul umed ce-mi aminteşte de alte anotimpuri

tot mai contras şi mai dezolat

tot mai însingurat şi mai tăcut

n-am puterea necesară şi nici curajul

să mă apropii de făptura cuprinsă

de ameninţări polare

deci

evit cu jovialitate jucată

această toamnă deprimantă

eu

fiind captivul instinctului de conservare

incapabil de compasiune

sau

mai bine zis

de exprimarea lui

incertitudine

astăzi m-au durut

vechile răni

de aduceri aminte

şi eu

m-am metamorfozat

în cristale mici de sare

fiind înghiţit(-e) de apele reci ale mării

salcâmii de pe Cheiul Conţilor

în parcul de pe Cheiul Conţilor

miroase a floare de salcâm

petalele

cad asemenea unor săruturi triste

iar peste marinarii surprinşi a mirare

curg tăcerile născute în larg

doar câţiva nori Cumulus

s-au împrăştiat-adunat

până au rămas urme

ce par nişte vise triste

furtuna pe mare

ştiut lucru!

sunt (un) condamnat

de nostalgiile pierdute

dar în adâncul apelor sărate

exist!

părăsit şi de lumină

evadez

în mişcarea turbată de furtună

şi ascult cântecul Balenelor albastre

insula Rhodos
te-am recunoscut, insulă Rhodos!
cu ale tale maluri ceţoase şi marmură roz

înconjurată de alge şi muşchi înecaţi
simt
cum în mine te furişezi
înspăimântată
şi eşti atât de *Barbară* ca mercenarii din Antalia

confesiuni

iată că mi-am închis inima şi m-am rătăcit

am uitat toate căile maritime

spre care meridian să mai navighez?

spre pământul Islandiei

unde s-a născut cea mai frumoasă *saga*

unde vikingii naufragiaţi

sau rătăciţi

bântuiţi de dorul Ţării şi plini de amintiri

au avut răgaz să viseze

aici sunt eu

cel urgisit

acolo

cine mai este?

mă caut şi mă regăsesc

iar dacă strig

vânturile Groenlandei

îmi înghit durerea

am fost

înainte

ce eram?

probabil lumină în noaptea ochilor tăi

spuneai că cineva-mi cunoaşte viaţa

cineva pe care nu-l cunosc eu

este insul care merge prin sângele meu

prin inima mea

ca recii curenţi din Marea Celtică

îmi dezvelesc durerea

aruncând peste dragoste inele

să ştii

mi-am închis inima

sunt întruna izbit de apele Golfului Donegal

şi mulţi s-au grăbit să mă numească

dar ca şi tine

beţiv...

iar eu

fiind însetat doar de *nimic* şi *viitor*

de oceanele şi mările adânci

pe care le-am trădat

mereu liber

şi sărac-bogat

iată că mi-am închis inima

nu mai căuta cheia

ea a rămas în tine

şi uite

mă sufocă!

singur

sunt singur
ca un pachebot naufragiat
şi voi încerca să-mi rătăcesc
viaţa mea în viaţa lui

unde e furtuna plină de viaţă?
dar oraşele portuare cântate în
versurile mele
mai poate să ne afle marea taină?

apele cresc împrejurul pachebotului naufragiat

numai eu
singur
pe prora ridicată spre cer
aştept veşti de la cea care m-a părăsit

singur....

în zbor deasupra mării

vino încet şi apropie-te de inima mea
treci prin strâmtori şi peste insulele de cretă
şi lasă-ţi visele în jurnalul de navigaţie
doar erai odată în mine
iar ochii tăi erau în
ochii mei
şi te duceam în adâncurile reci
în cel mai ascuns platou de mare
printre alge şi corali
acum lasă măreţia deşertăciunii şi vino încet
apropie-te de inima mea
vreau să-ţi cânt deasupra mării
libertatea rozei vânturilor
apoi să zbor
de unul singur
deasupra mării

saga cântă

unele *saga* cântă femeia
frumos
scăldată în nisipurile calde
altele îl proslăvesc pe Haarfager
oprit să coboare în Infern
iar Zâna mărilor
îndrăgostindu-se de pletele lui
l-a ademenit în adâncuri
pieptănându-i
în fiecare seară părul auriu
ea se oglindea în amurguri pe orizontul mării

Liuleita!

cea mai frumoasă *Saga* a fost zeitate:
saga cântă.

Începe furtuna

începe furtuna
să plutim spre furtună!
doar ochii îi mijim să nu ne taie
privirea nisipul din Deşertul Arabic
hei!
strigă
te bucură
şi înfruntă furtuna!
vorbeşte cu aceşti pescăruşi speriaţi
vorbeşte cu marinarii întârziaţi
surprinşi în bărcile mici
mânate
spre străinele stânci
începe furtuna pe mare!
porturile îşi închid porţile inelare
şi noi
nebunii acestui barc
muşcăm din marea furtună de mare…

***

mai simt furia mării

aici

în inimă

în bicepşii

şi tricepşii obosiţi

pe gene

şi buze

vine spre mine furia mării

acum

înspre seară

luând de pe masa-mi de scris vechi manuscrise

iar crestele ei seamănă cu pletele Gorgonei

răpitoare

dar triste

mai triste

mai reci sunt valurile mării

şi eu

încep să simt şi mai tare

furia mării

***

am încercat să te urăsc

apoi să te strig

pe cine

pe cine strig

în această blestemată strâmtoare Gibraltar?

eu am căutat mereu cerul tău

gândul tău

mistificat

temerar ca această margine

de pământ de pe Punta de Almina

ce se vede în zare

apropiindu-mă de Tine

mă îngrozeşti

iar dacă

alerg prin stelele tale...

mă omori

aş vrea să mă laşi între aceste vânturi

ce mă duc spre Cabo de São Vicente

fără să aştept cenuşa iertării

astăzi

tu eşti o lege nescrisă

eşti legea de granit

lângă blestemul celor minţiţi

am încercat să te urăsc

apoi să te strig

şi tu m-ai chemat!

dar între noi a crescut de mult

un monstru neaplecat vreodată

venit din miturile scandinave

***

vreau să mă ascunzi în tine
să rămân verdele ochilor tăi
ce se aseamănă cu Marea Ionică care se zbate

între cele două culturi antice

vreau să mă ascunzi pe buzele tale
în arcul ondulat al zâmbetului trist
care-i doar un anotimp al iubiri

Singurătate în vid **Vitalie Răileanu** *Loneliness in the void*

***

odată vei rămâne singură

pe cheiul umed şi dezolant

între cei trişti

şi corpuri

de cutere naufragiate

va curge peste buzele tale briza

dezvelind amintirile şi dorul uitat

şi atunci vei căuta

probabil vei căuta

căldura mâinilor care a perindat odinioară

prin părul tău

peste ochii tăi

prin cerul tău…

***

am ieşit în larg

întind pânzele dreptunghiulare ale lugherului

să prind prielnicul Sirocco

şi între noi rămâne doar o lună de zile despărţire

anghila încearcă să-mi fure speranţa

iar eu plutesc înspre coasta „Scoicii de Aur"

spre cea mai ascunsă insulă

unde te afli doar tu

implor să rezist

ca întreaga velatură a unei fregate

să nu rătăcesc pe la Nord

iar fulgerul prin oceane

cu stele şi sare

fiorduri

să ne piardă

***

înotam în apa neştiută

fără teamă

îmi unduiam corpul prin valurile reci

şi prin planctonul fosforiscent

vibram cu fiecare muşchi

muşcam

rupeam înfierbântat

din fiecare val

ce căuta o stâncă să se spargă

înotam în apa neştiută

spre lancea de coral şi alga arătoasă

Loneliness in the void   **Vitalie Răileanu**   *Singurătate în vid*

***

niciodată n-o mai fi de-acum între noi
lumina
cândva era atâta lumină între noi
atâta cer şi ape multe
şi tu erai o torgă
erai o rară înflorită
printre munţii ce fumegă în Ţara de Gheaţă
apoi
între noi crescură stâncile aspre
asemănătoare celor din arhipelagul Orcadelor
sau insulele Hebride
cu umbre – aripi visătoare de iad
numai vânturile străine şi sărate
vor striga numele tău printre
stâncile Golfului – care – fumegă

niciodată n-o mai fi între noi lumină…

***

ştiu că *Pietrele nu vorbesc*... şi nu detestă pe nimeni

ele stau împrăştiate pe *Stâncile sfinte*

cu priviri acefale

noi încercăm

să păşim printre ele

temându-ne să nu ne împiedicăm

iar valurile mării îşi continuă chinul abrazării

fără să ia ceva în seamă

ştiu

Pietrele nu vorbesc

***

insula Critos pare
erodată de vreme
pietrele ei au fost
tăiate şi duse de
romani

arborii n-au mai
putut slobozi
rădăcini
şi mileniile au apus
aici
ca să vezi!
mai trăieşte antica
durere

Singurătate în vid   **Vitalie Răileanu**   *Loneliness in the void*

***

am rămas singur în careul navei

încerc să-mi (re-)întorc gândurile

care au evadat prin hublou

nu reuşesc

le-a luat în larg neaşteptatul *nadir*?

***

ascultă!

se furişează bora printre noi

printre şoaptele noastre de dragoste

şi taie prea curajos lacrimile…

apoi se retrage cu forfotă

în alte adâncimi

ascultă…

se furişează bora printre noi

Singurătate în vid   **Vitalie Răileanu**   *Loneliness in the void*

***

mă dor timpanele de vuietul Atlanticului
rafalele nordice îmi strâng degetele pe timonă
şi brigantina se zbate cu carena
dc crestele valurilor şi de meduzele moarte
eu tac
şi sunt mai puternic decât un etambou de la pupă

***

vino să vezi şi tu
culorile Mediteranei
când algele împletesc
cununa de noapte
pe Lună plină
vino să vezi cum
albatroşii călători nu
caută ţărmul
şi-n voie doar plutesc
vino să vezi şi tu
cum eu îţi pictez în farduri pastelate
o altă pânză în stilul lui Giambattista Marino

Singurătate în vid **Vitalie Răileanu** *Loneliness in the void*

***

femeia pe care am iubit-o

n-o mai chem…

a rămas undeva pe un pod hobanat

în bătaia vânturilor obosite

cu ochii învinşi de angoase

101

***

pânzele mariniste vorbesc

vorbesc cu ochii care te privesc

dar mâinile?

mâinile cerşesc

mângâierea culorilor *azurer* întinse pe o *pânză alfa*

Singurătate în vid   **Vitalie Răileanu**   *Loneliness in the void*

Poeme din volumul *Poeme de pe faleze*

***

după ce ai plecat,

au venit toţi prietenii noştri,

în pustia odaie a existenţei mele

şi mi-au frânt cerungile de coral alb

care ne-a unit douăzeci de ani,

lăsându-mi sufletul mort.

acum sunt negru în versurile mele

şi mă înspăimânt în mine.

mă întorc în poemele mele

rămase văduvite,

ca un lup-de-mare,

ca un cormoran bătrân,

adulmecând stâncile golaşe ale regretelor.

***

câte valuri imense au înnăbuşit
simfoniile lui bach?
această mare, care a fost cândva a noastră,
e din mătase şi pescăruşi cu aripi frânte.

ştii, uneori golfstreamul aduce oasele
şi bucăţi de corăbii naufragiate
tocmai în triunghiul bermudelor.

ai crezut că timpul m-a uitat,
m-a omorât şi mi-a încrucişat braţele?

sunt însinguratul creat de tine,
dar timpul nu moare
şi eu sunt iarăşi o mare.
inima ta e o calotă de gheaţă arctică
şi numai geruri vin dinăuntrul ei –
simt cum uneori sare cealaltă jumătate a sferei
din tine – şi mă acoperă ceaţa unei strâmtori.

***

am trecut şi peste acest pod de cristal

dintre viaţă şi moarte

care mă priveşte – şi nu mă primeşte

în mrejele algelor contagioase.

atunci inima mea s-a oprit,

fracţiuni de secunde – dar s-a oprit.

întunericul cela e atât de alb!

şi marea din mine a început să tremure,

fără amăgire – e un lacăt mâncat de rugina salină,

dar etern şi imens. încotro mă îndemni,

furtună atlantică?

probabil, cineva mă strigă în larg

şi eu palpitez dizolvându-mă în amintiri.

***

ieri,

când mă întorceam din mare,

la fel de gol cum e lumea ce mă înconjoară,

şi mă aştepta pe cheiul bătrân,

singurătatea m-a aruncat pe orizontala de granit a

chemării,

ce duce spre zeul uitării cu solzi lucitori.

ascuns

în umbra mea,

în vorbele tale grele,

nepăsătoare,

mă consimte

doar steaua polară,

rece şi ca

ca ochiul de sticlă a unui pescar orb.

***

am să te întristez sau o să te bucur!

pe această insulă a mea,

mi-am schimbat înfăţişarea: exilat

într-un timp numai al meu,

cu vânturi barbare şi lei de mare, fricoşi.

aici n-am găsit o altă stâncă a gândului,

a soartei, a singurătăţii,

în care să-mi înfig incisivii.

cum era să-mi tremure în ochi,

stelele reci şi indiferente,

când le citeam versuri despre tine,

amintindu-le despre femei cu negru în cerul gurii

ca asasinii crispaţi din fereastra mea?

am să te bucur!

aici m-am schimbat mult.

mă observi, mă simţi,

pe cealaltă parte a oceanului,

pe insula mea însingurată?

***

în inima mea a venit durerea –

cine m-a fericit cu scoici din sticlă spartă,

cu alge otrăvitoare şi putrede,

când marea mea e aproape moartă?

faleza nu mai este colorată cu aur la orizont,

nici buzele tale, nu le simt,

nici corabia nu e corabie.

probabil

a venit durerea,

care a înnoptat printre muşchii coronari

ai inimii mele.

***

atunci

se cununau constelaţiile

şi vibrau mărunt sub lună şi vânt.

nu era noapte.

nici trist anotimp.

prin străzile portuare intra în zidurile oraşului

cu pietre din cristale de sare,

ca un furtunar negru,

singurătatea.

***

departe de mine eşti tu,

iar aici,

au venit alte vânturi sărate

şi dureri de alcool.

prin întunericul cerului lunecă moroii,

cu şopârle în ochi şi în plete.

mai blând ca un bistrou scandinav părăsit,

aştept să mă strige

amurgul şi singurătatea de foc.

***

îmi place să privesc
cum dansează furtuna pe mare,
cum îşi sparge turbarea de faleza solitară.
apoi,
plângând, arcuită ca o semilună,
cum se retrage
dintre bolarzii piramidali de pe chei

vântul va mai suna
ca un clopot de moarte?

alungat de tine,
alunec prin ceaţa fiordurilor norvegiene,
împovărat de durerea-n mine.

raza selenară,
rece şi singuratică,
parcă e smulsă din ochiul tău,
care n-a plâns niciodată.

aici alunec eu,
acolo vor cădea alţii.

***

simt cum înoată prin mine
balenele ucigaşe
cu ochii mijiţi de ţipăt ascuns,
apoi plonjează în
adâncuri marine – iar dezlănţuitele
valuri înspumate
adună tăcerea celor 188 decibeli,
auzită doar la 848 km.

această noapte de neuitat,
de albe speranţe,
pare a fi – ultima,
între marea din mine şi cea din vis.

priveşte!
un fregat cu aripa frântă,
furtiv zboară spre noi,
de furtună muşcat.

***

voi răpi moleculele

din furia acestui vânt de nord-est

şi voi concepe o altă formulă,

alcătuită din cuvinte

ca o împletire din parâme,

din stele,

din mări,

şi obscuritate,

numind-o

***

vuietul imenselor valuri
va înghiţi geamătul lugherului meu,
însă eu voi reuşi să străbat cobaltul
acestor ape imense,
dacă nu trec prin ele,
alături de chira antarctică,
nu mai sunt nimic,
dacă în gropile negre marine nu mă scufund
sunt un simplu cod polar nud.

iartă-mă, mândră furtună!
unde-ţi este puterea
şi patima nestăpânită
să mă învingă,
să mă frângă,
apoi să mă uite…

***

simt

cum mă cheamă în şoaptă

rimele împerecheate ale poemelor marine

cu vechi metafore în arhipelaguri îmbrăcate.

acolo mă aflu eu, oare?

liniştea: un extaz evantaic,

formată din cristale saline.

liniştea: valul negru şi alge-pat.

moartea m-a căutat în adâncuri.

ochii şi inima mea s-au ridicat

pe cer.

28 ianuarie, 2015, ora 9:00

trădarea ta

trădarea ta

am descifrat-o ieşind din mare.

avea ochii mici, înguşti ca aripa de vânt sărat,

care muşca sângele soarelui matinal

şi orizontul în cenuşie sclipire.

sub norii bleomarin cânta trădarea ta,

iar nările adulmecau plecarea.

i-am observat braţele de funii negre,

întinse peste pânza timpului.

înspumată, alerga printre valuri, trădarea ta,

venind şi vestind o istorie a despărţirii.

o istorie cu învinşii geografiilor tale,

arse şi uitate.

Loneliness in the void   **Vitalie Răileanu**   *Singurătate în vid*

Pustiu

în acest oraş portuar abandonat
locuiesc doar femei neiubite.

falezele şi străzile au rămas
doar în sclipirea banerelor fosforiscente
în lumina lunii reci.

merg prin oraşul portuar părăsit
şi-mi aud paşii.

îngândurat ca un marinar surprins de furtună,
simt puterea vântului - solitar împărat
al acestui pustiu
locuit de femei părăsite.

***

a venit dinspre ocean briza

şi pescăruşii au amuţit.

trei crabi giganţi cu zece picioare

şi-au făcut vertical gropi în nisip.

amurgul violet-albastru

a plecat subit din paleta poemelor mele.

pe neașteptate au amuţit şi umbrele.

cornul lunii mă străpunge cu lumina sa pală.

în portul acesta miroase a santal cu lemnul alb.

urcă-te în buzele mele însetate

şi verde luminează-mi ochii.

în acest port

părăsit şi de şobolanii gri,

pluteşte incertitudinea.

corăbiile din lemn dens şi mirositor

au rămas departe,

în golful morţii.

Singurătate în vid   **Vitalie Răileanu**   *Loneliness in the void*

***

tu nu poţi să fii niciodată aici,

între leii şi lupii de mare,

care-şi pot pierde adevărata dragoste

odată cu dansul culorilor ofitelor.

unduirile corpului tău

au curburile picturilor din grotele vichingilor.

cum să-ţi iau privirea în larg cu mine,

acvilă cu gheare ascunse în inima mea,

astăzi buşonată

cu o plastie invazivă coronară…?

***

aştept timpul probabil, să mă confesez mărilor.

la răsărit sau la apus de soare?

cum o să mai înot lângă aceste însingurate ofiuride,

înfăşurate în algele moi?

o să-i caut privirea ei, rătăcită în acest larg,

şi gura nord-ostului în gura sa,

cea care mi-a bisecat inima

cu libertatea neagră ce mi-a dăruit-o.

acum sunt chiar o dramă dostoievskiană

la prezent.

***

marea,

ca şi destinul meu,

mi-a întors spatele.

însă aş vrea să mă înţelegeţi:

m-am născut printre voi,

fără a vă cere asentimentul.

eu ştiu că trebuie să înot,

să înot ca un ostoped,

în pădurile acvatice, virgine,

ale poemelor marine,

ca să fiu altfel,

mai puţin asemănător cu voi.

***

am rămas printre stâncile sărate,
printre şerpii acestor stânci –
ca o mare fără ape.

aici,
printre stâncile sărate,
o să tac şi voi asculta liniştea.

voi visa ochii plecaţi la altă dragoste.
lasă-mă în această singurătate
printre şerpii stâncilor sărate.

m-ai părăsit,
revenind lângă algele moarte
şi lângă scoicile fără moluşte.

ai acostat în fiordurile falezelor solitare,
în întunericul tău,
ai plecat.

***

dimineaţa intrai nudă în apa mării,

sonoră,

legănându-ţi nalbele,

rupeai dintre gene visul

şi te pigmentai cu văpăile răsăritului maritim.

erai un început de pânză

pentru Aivazovski.

***

malurile de lut negru

sau surpat peste scoicile

aruncate de furtună

pe plaja pustie.

eu,

întorcându-mă dimineaţa din larg,

eram ademenit la chef,

de aceşti delfini pătaţi,

care mă aşteptau.

acum,

orbit de soarele matinal,

îmi beau, ochi-plin, paharul destinului.

***

ştiu că mi-ai furat umbra

şi iată, nu pot să plec

spre apele îngheţate. mi-ai furat umbra.

cine mai are inimă printre aceste statui străine?

cine poate să mă înece în lacrimile singurătăţii?

am început să visez

cum toate celulele oarbe

te-nfăşoară în alge dense şi licheni ce preferă frigul.

auzindu-te gemând,

îţi caut degetele cu amprentele mele pe ele

să le sărut.

visez să mă aduni în ploile tale de vis,

risipind vântul boric din mine.

***

s-a întâmplat
că am strâns de gât omul din mine.
l-am înfricoşat,
l-am minţit
şi l-am creat din nou.
de astăzi, pot privi
cu ochii curaţi,
întinsul imens al unor ape native.

penajul solar s-a limpezit.
privirea mea absoarbe acum orizontul
şi nu mă lipsesc de îndoiala rece.
nu mai simt povara plecării tale.
nici vârfurile de pumnal
ale blestemelor tale
nu le mai aud,
nu le mai simt.

înot

această mare mă pândeşte cu cioburi de sticlă

şi amfore greceşti sparte de furtună,

toate atât de ascuţite,

că-mi taie nervul cel alb

al muşchiului facial.

aş mânca aripile acestui gigant calcan rombic,

cu ambii ochi pe partea stângă,

care îmi tot dă târcoale

ca o moarte subită.

înot.

***

în această noapte e iarăşi furtună în larg.

voi înota spre ea.

am ochii plini cu nisip

din Sahara.

hei!

al nouălea val, apropie-te.

cu forţa şi negrul morţii în tine,

vorbeşte-mi şi mie cu ură,

cum le vorbeşti lupilor de mare!

opreşte-te!

apropie-te!

braţele mele sunt puternice,

spre tine mă duc,

sunt o cină bună pentru foamea ta.

numai să reuşeşti să smulgi

lumina din orbitele mele,

altfel vei pierde un cadavru.

dar puterea ta, e ca şi dragostea mea,

e un delir.

un

de e cămaşa ta de forţă,

umedă şi rece?

de ce nu mă duci la fund,

între stânci şi praguri subacvatice,

acolo unde-s mulţi nebuni mateloţi,

răpiţi de tine?

furtuna de noapte

ridică din nou

al nouălea val,

printre genele algelor moarte,

astupând cu scoici şi nisip

urmele şi durerea.

corăbiile şi marinarii obosiţi nu pot adormi.

oraşele portuare nu-şi închid intrările.

porţile albe, luminate de meduzele fosforiscente,

aşteaptă nebunii începutului de mileniu,

prinşi de furia dezlănţuită în larg,

să revină.

în această noapte

am învins furtuna

trimisă de tine în mine.

dură noapte a amintirilor

o corabie fantomă
cu numele „oublie-moi"
va trece peste mine
agitându-şi pavilioanele
în briza dimineţii.

sper că această jefuitoare zi
regină a naufragiaţilor,
ne va rejudeca.

încerc să-mi revăd înfăţişarea
mâncată de apele sărate,
de furtunile şi nisipurile smulse
din deşerturi toride
de versuri pline.

firele-mi de păr sunt nişte parâme
ce mă sugrumă.
alte strofe scrise
şi mai trist încă
mă dau în adâncul mării,

de unde voi şopti pentru pădurile vareh
fără vârstă, fără sentiment
tot poeme

aş fi putut muri acum
acolo

evocare îngrozitoare!
detest aceste gânduri

nu pot zice că timpul mi-a cumpărat
scrâşnirea dinţilor
şi fulgerul privirii
sau suspinele mute.

amintirile se şterg.
ultimele regrete se cicatrizează.
geloziile se uită.

prieteni noi
îmi voi face.

blestemat să fiu
dacă mă voi răzbuna.

Singurătate în vid   **Vitalie Răileanu**   *Loneliness in the void*

vis

cândva

visam să ajung

până la ţărmul femeilor din uppland,

undeva

pe insulele aland,

împreună cu camarazii mei,

neînvinşi mateloţi.

întrerupţi de furtunile mari

vom reînnoda această viaţă

cu parâme împletite,

albite de sare şi soare.

împreună cu aceşti corăbieri prieteni

vom părăsi vasele

triste şi tragice.

ţărmul femeilor din uppland

care ne-a înghiţit zilele şi anii

şopteşte întristat

despre soţiile născute

din clipe.

patimă

împătimit sunt de poezie,
de acest univers al cuvântului
şi de spunerea mallarméeană:
„le monde est fait pour aboutir à un beau livre...”

încerc să creez o lume a mea,
incifrată/descifrată prin poezie,
doar nimic din ce există nu este lipsit de numire.
nespusul este numai potenţial de existenţă.

artă întemeietoare, poezia s-a dezbrăcat de materie,
de contingent, de provizoriu.
locuieşte nesfârşirea, nelimitarea.
a închis eşecurile în cuvânt.

poezia este lumea. dar mai este şi inter-lumea
precedând existenţa. încătuşat rămân în umanitatea ci.
am uitat să-ţi reamintesc deosebitul proverb persan:
„... dacă îmi vei dărui două pâini,
voi vinde una ca să-mi cumpăr flori”
eu o voi vinde-o ca să-mi hrănesc poemele marine.

***

Sunt îndrăgostit.
de astăzi voi adora doar tăcerea vântului bora.

simt cum minutarul ceasului meu
fixează cadenţa paşilor.

această patimă a mea,
tăcerea,
conturează atâta soliditate
în cât mi-e greu
să mai inhalez ozonul emanat
de timpul prezent.

sunt
îndrăgostit de tăcere.

iar tu poţi vocifera iarăşi nimicuri.
tăcerea
e marea mea dragoste.

***

în acest remuu de aer
singurătatea mea are un loc aparte,
pânza spaţiului, transparentă,
îmi developează chipul
aici nu exişti nici tu,
doar marea
şi lipsa lipsei.
adoraţia statică a sinelui
este singura stare
fără şanse de recuperare.

eu am ucis în mine
amintirile.
am întins capcane viitorului meu
şi totul a dispărut
lăsându-mă singur
stăpân peste acest
remuu de aer
în care nu mai sunt vânatul.

sunt uitarea
întreagă.
rezist în această derivă
deghizat în dorinţe.

într-o pândă febrilă
cu dinţii încleştaţi
cu ochii închişi
alung cuvintele lascive.

lăsând să-mi cadă perla salină
din ochiul stâng
ca o lamentare de sevă nubilă.

în acest remuu de aer
am descoperit dialectica
singurătăţii totale.

***

îţi promit,
voi ridica un singuratic far maritim
şi oamenii vor veni din toate mările
către farul ridicat din ne-credinţa
însinguratului de mine.

va fi un far maritim
sensibil la cea mai infimă alternare
din labirintul interior.
sunetele surde unduite din vuietul mut al depărtărilor
vor răni talpa acestui far cu incizii adânci
prin care se va scurge cu plânset
sângele de negru granit
limpede coagulând cristale de sare de mare.

imensul val de oameni
cu pietate va preamări existenţa farului singuratic,
iar şoaptele de alinare îi va trata plaga
cu naive versuri de dragoste,
atât de străine

***

vreau să evadez din această existenţă imensă
ce ne cuprinde
ca pe nişte minuscule fire de nisip.

e ca şi cum cineva ar trece prin mine şi tine
ca un rece curent de apă nordică,
iar noi
nu mai putem înota
şi ne sufocăm în pădurea algelor negre.

din corpurile noastre vor creşte
algele roşii
de lună.

în sfârşit,
această existenţă ilimitată
ne va cuprinde în braţele ei
atât de străine,
atât de triste.

viaţa mea-i această zbuciumată mare

viaţa mea-i această zbuciumată mare
cu cerul-ntors pe dos
pe care o străbat corăbii solitare
unde doar noaptea se sărută cu stelele

cerul acesta
şi marea aceasta
este o tristă poveste
ce îţi voi spune-o
când o să adormi.

viaţa aceasta-i creată din fulgere şi tunet
cu gust sălciu de scoruşă.
când o percepi, când o muşti,
o înghiţi putredă cu viermi
gelatinoşi şi dulci
vei simţi că timpul nu are odihnă
ca velastraiul zburătorului mare.

e veşnică? mă întrebi.
nu ştiu.

înainte de a pleca

înainte de a pleca

voi pune pumnul

în pieptul acestei furtuni insulare.

şi tu vei supravieţui,

iar puternicii curenţi acvatici

din marea hebridelor

care au găsit anotimp favorabil

în inima ta

nu-mi vor mai şopti

alte poeme din ţara galilor.

Singurătate în vid **Vitalie Răileanu** *Loneliness in the void*

"Fata Morgana"

artist Mihai Cătrună, București, România

obstinaţie

desfac această imensitate oceanică
de unul singur
şi înaintez până-n foamea rechinilor de recif,
călător peste nemernicia cărnii smulse de pe braţe.
apoi inventez norocul căilor maritime
observând lumina farurilor
ce împrăştie semnale avertizante,
arătându-ne stâncile subacvatice.

dedesubt curg curenţii golfstreamului.
deasupra plutesc norii sidefii de gheaţă,
care mereu mă înşală.
unde e pământul cald?
alung culoarea neagră a cormoranilor solitari.
noaptea îmi înfăşoară cu alge reci ochii obosiţi.
mie,
acestui însingurat, obstinat şi însetat călător,
care trebuie să ajungă dincolo de cercul mort
unde va regăsi alte căi rătăcite
în imensul ocean.

îmi mai trebuie şapte zile de navigaţie…

Singurătate în vid   **Vitalie Răileanu**   *Loneliness in the void*

***

ezit să mă conformez cu trecutul meu.

e ca şi cum m-aş uita

prin sticla unui acvariu uriaş

în care plutesc meduzele cu coamă roşie

şi cinci capelini din triunghiul bermudelor.

probabil aici se zbat orgoliile masculine

aflate mereu în căutarea frumuseţii.

doar furtunile de mare

furtunile de mare
nu-şi mai aruncă furia spre tine.

vor rămâne veşnic acolo
dincolo de o stâncă solitară
în acel imens larg singuratic
al meu.

peste ani obrazul ţărmului pe care l-am părăsit
va avea nenumărate riduri.

dorul de tine,
fiinţă cu sângele sterp,
cu buzele crăpate
şi cu ochii reci,
rămâne scrijelit de-a pururi
în stânca de sare
de la capul bunei speranţe.

Singurătate în vid   Vitalie Răileanu   *Loneliness in the void*

"Marele Val de la Kanagawa",
artist Katsushika Hokusai (1760 - 1859), Tokyo, Japonia
FotoCredit: Wikipedia

Poeme din volumul *Străin printre ape*

Loneliness in the void   **Vitalie Răileanu**   *Singurătate în vid*

1.Poeme pentru timpul trecut

Exod

mă înfioară presentimentul mării în

amare amintiri…

prin unele renunţări

trec astăzi

şi aceste zboruri solare cu erodii

la marginea-ndoielii

în ieri

se reîntorc târziu

ca şi corăbiile serii cu sare-amară pe

pupă

de o săptămână nu ne mai căutăm

în ceaţa celor care aşteaptă

troleibuzul nr. 24…

Singurătate în vid   **Vitalie Răileanu**   *Loneliness in the void*

am uitat că aş fi putut sta

sub palmierii salvării

hrănindu-mă cu fructul şarpelui

aş mai poposi în marinele sardine

pe care tu nu le-ai

văzut

încă...

revin tăcerile...

poate ne vom regăsi mai singuri cu

săruturi amare

în Nordul nostru

palizi

ca într-un exod solemn

va fi să ne întoarcem din largul uitării

şi al despărţirii

într-un amurg…

celor ce nu aşteaptă

corăbiile vechi de lemn libian

pustii

le vom trimite scrisori

din cel din urmă burg

pe unde am trecut

vorbindu-le

de presentimentul mării

de egale insomnii

de corăbii lungi

de visele

care în curând

vor reveni

***

Am început să cred
în albastrul infinit
şi nu pot călca
pe urmele tale.

Povara amintirilor
îmi rupe oasele fragile
ale braţelor
care mă duc în largul mărilor
devenite străine.

Ce se întâmplă cu mine,
de nu observ primejdia?
Să fi orbit?
Văd doar câteva umbre,
foarte vag, le văd în depărtare...

Înot printre *Ralizele*
încoronate cu scoici rapace

şi vreau să înţeleg,
de ce am început
să cred în apele
mării străine...

Am surprins gândul tău
care încearcă cu adevărat

să urască ochii duşmăniţi
şi aceste buze – strune rupte din
lira amintirilor,
care niciodată nu vor mai săruta
sânii tăi deveniţi jaduri.
Presupun că nici tu nu ştii
ce ai făcut.
Aşa aş vrea să cred
şi intenţionez să redescopăr
nopţile şi dimineţile,
zilele şi nopţile trecute.
Eu mai cred în albastrul infinit...

***

resacurile uriaşe
par nişte priviri păgâne
înfipte în inima furtunii dezlănţuite
în violentul golf
Biscaia

doar
palmele şi frunţile
sunt mângâiate de picăturile ascuţite
care
tocesc
şi rotunjesc
frica din ochii acestor marinari uzi
până la piele
robele cărora se transformă
în carapace de broască-ţestoasă de
Galapagos
iar urechile lor
buşonate cu mici cristale de sare

nu mai aud urletul vijeliei

mâinile

li s-au lipit şi prelungit în parâme şi

timonă

făcându-se totuna cu ele

furtunarii uriaşi

ce ţin sub aripi şapte vânturi

taie subţire vijelia

cu nările cărnoase de pe cioc

şi această coagulopatie

generată de apele atlantice

devine

iarăşi

o lume

revelatoare

Singurătate în vid   **Vitalie Răileanu**   *Loneliness in the void*

Străin printre ape

încep să-mi amintesc

cât de uşor

reuşeau atâtea să-mi scape

când prin mări şi oceane

fiind un străin printre ape

împărţeam nepăsător

irisul visului

adesea cu vântul serii mă

împrieteneam

care în pânza bricului meu înnopta

iar libertatea mă aştepta

ca trista Cale Lactee

***

fur

din gheţarii plutitori

mici cubuşoare

de apă sărată

şi duc aceste perle

timpului trecut

de-acolo glisez acolo

uneori rătăcesc

şi nu mai ajung

niciodată

spre mine

atunci mă întristez

şi mă preschimb

într-un halou boreal

Nu voi re-veni

să nu mă cauţi

plec în largul mării

căci simt cum ea mă re-cheamă

în ale sale imense

şi *fortissime* ape

ce în talazuri se ascunde

iar când imaginara mea corabie

îşi va desprinde

ale sale triste pânze albe

eu nu voi mai aştepta

nici lacrimi

nici batiste

şi un al nouălea val

îl voi învinge

lăsând să treacă prin mine

întreaga lui putere

pe-o clipă voi simţi

veşnica tăcere

atunci

să nu te-ntrebi

de ce se sparge singuratica întindere

acvatică

nici să nu mă cauţi

eu am plecat

în largul mării

şi nu voi reveni

2. Insula din ziua de azi

De mâine...

de astăzi nu-ţi mai scriu

cuvinte-dragoste

în gând

m-ai dus ca pe-un Corsar de Malta

pe insula Uitării

şi m-ai prefăcut în ochiul tău ascuns

de pândă...

în serile lungi

mediteraneene

singur voi naufragia în labirinturile

amintirilor

unde corpurile noastre îmbrăcatedezbrăcate

poate se mai caută

cu o primitivă foamete

de *nu-mă-uita*

dacă doreşti
îţi promit
n-o să mă întorc în trecut
iar punţile mele spre *mâine* vor
dispărea
mai curând
dacă aş putea presupune…
voi rămâne cu spaimele mele
strigând numele tău
rămas ca o aripă neagră
într-o grădină cu flori de geranium
unde poate înflori doar verbul
te iubesc…

probabil că voi trimite un schooner
cu pânze albe
pentru a răpi orhideea cu ochi imenşi
să mă-nchin
enigmelor din palmele tale
de palori boreale

ştiu

ţi se va spune că trăiesc ca un boschetar

în castelul de Piatră-de-Mare,

că m-am pus pe macheală

sau că sunt un simplu tarabist

de mâine

suflete ciudate vor locui de mâine

în zilele mele –

şi-mi vor răpi singurătatea

şi mă vor devasta în curând

Crucea Nordului/
Crucea Sudului

mă voi agăţa de ancora
cu patru gheare
şi patru inimi
să simt puterea furtunii de mare
amarul iod
şi dulcea solitudine

braţele mele
desfăcute larg
pe crucea cu inel
nu-mi ajută să-mi scutur
sarea şi ceara de pe ochi
şi să uit privirea ta
crudă
udă
felină

Îndemn
hai

vino şi-mi ia carnea de pe mine

cum timpul

smulge derma ruginită de pe

corăbiile

părăsite în larg

te chem să împarţi

puterea acestor braţe

care te-au purtat prin timp

şi prin oraşele de hârtie

ia şi carnea de pe mine

chiar şi forţa

însă

ştii ce nu-mi poţi lua

speranţa şi singurătatea

care au dat rădăcini

în morfologia ţărmului la care

încă visez

Pianul fără clape negre

o să te invit

în inima acestei insule solitare

din Arhipelagul Galapagos

aflată la 30 de Ecuator

unde

de un an te aşteaptă

un pian bleumarin

înfăşurat în alge albe

şi presărat cu scoici sidefii

vreau să te aşezi (la pian)

şi în vuietul Pacificului

în frumoasa furtună

să interpretezi ceva din Dmitri Şostakovici

evitând/ignorând clapele negre

iar furia muzicii tale

să-mi transforme

singurătatea într-un uriaş

vârf de munte

subacvatic

Singurătate în vid **Vitalie Răileanu** *Loneliness in the void*

***

acest pisc de aisberg rătăcit

va fi materia primă pentru statuia ta

să-ţi pot ciopli

fruntea

ochii

buzele

trupul…

vântul arctic

nici nu va reuşi

să-ţi topească

chipul

Înainte de linişte...

stranii-mi par acum multe
şi faţa mea copiază
cuminte
tăcerea şi sonoritatea ecoului
enigmele sunt tot mai ciudate
şi rămân
adesea până-n zori
întrebări şi spaime
când altădată
lumina mă descoperea cu tine
atât de necunoscută
şi închisă în beatitudinea
mării

îmi imaginez că înaintez într-un tunel
precum e La Manshe
între ceea ce ştiu şi ceea ce nu voi
cunoaşte

dar mi-ar trebui puţină nepăsare

atât

cât să scriu

sau să beau o cafea rece

în tihnă

sau cât să te caut

aş vrea

să uit puţin de timpul trecut

abandonat într-un *bistrou*

ascult ploaia

şi privesc frunzele

trandafirii galbeni

şi zilele dezolante de toamnă

care-mi arată semnele timpului

prezent

şi zborul meu de ieri

mult mai aproape

de Marea Nordului

care-i mult mai avidă

şi mai rece…

Îmi răspunde marea

marea nu vrea să-mi vorbească nimic
iar eu ţi-am spus ţie
şi timpului care ne cunoaşte
ce preţ e de plătit
şi astăzi
ce veşti să-ţi mai aduc

am râde mut
ca pe timpuri
de la nimicuri
sau am cânta refrene din piesele lui
Joe Dassin
timpul iarăşi nu ne va spune nimic

vântul acesta exclusiv
mai rupe aripile pescăruşilor rătăciţi
şi timpul tace
iar eu
ţi-am spus deja ceva

şi dacă acu

se vor trezi toţi lupii-de-mare

şi vor înota spre insula Hokkaido

sau înspre Golful Ucriura

o să le admir „dialogul" lor

şi graţioasele plonjoane

stând într-o poziţie

Kabuki ni mie

dar n-o să-ţi mai spun nimic

n-o să-ţi şoptească nimic nici timpul

care ne cunoaşte

oare ţi-am zis de ce?

dacă aş fi putut spune ceva

ce veste ţi-aş fi adus?

marea o să-ţi răspundă

priveşte-o

ascult-o

timpul nu ne mai recunoaşte…

Loneliness in the void   **Vitalie Răileanu**   *Singurătate în vid*

***

astăzi am acostat aici
în *Depresiunea Barents*
sunt singur
şi nimeni nu e în mine
vorbesc în gând
dar te aud pe tine
eu
te voi lua
în această groapă acvatică
de şase sute metri
adâncime
te iau aşa cum eşti
nu
nimeni n-o să te fure
rămâi şi vorbeşte singură
amare nimicuri
deşi
te voi auzi numai eu
în mijlocul meridianelor
70°- 80°
mai departe de *Capul Nord*
mai aproape de *Insula Urşilor*

172

***

prin acest hublou
de la pupă
privesc în larg
căutând Insulele Shetland
spre care râvnesc
poate voi observa
cum se deschid porţile portuare
cum soţiile mateloţilor prinşi de
furtună
aruncă în Marea Nordului
aripile de nimfe
care le dor
de atâta aşteptare

privesc în larg…

Loneliness in the void   **Vitalie Răileanu**   *Singurătate în vid*

***

aici

în Marea Coralilor

amurgul capătă altă înfăţişare

aerul vibrează dens

în jurul meridianului de 10°

şi scaldă cu gingăşie

Peninsula York

cu pata cerului

aprinde stelele lucitoare

ce luminează şi Strâmtoarea Torres

apoi săgetează cerul

deasupra oceanului

plonjând în Golful Carpentaria

dă naştere unui decor roşu-marin

care pictează amurgul

în acuarela lui Hokusai

Trecut

Din ziua aceasta

tu nu mai poţi vedea ce observ eu.

În această anemonă-de-mare

cu frunzele lucioase,

cu flori albastre-violete,

privirea ta se pierde,

undeva,

printre stâncile calcaroase,

iar eu

voi urmări cum sparge crusta

anemona-de-mare,

aşteptând să înflorească.

Apoi voi lua în palme două petale,

una albastră,

cealaltă violetă –

şi le voi strânge

până când sângele lor

albastru-violet

se va revărsa printre degetele mele

într-un şuvoi gelatinos.

Acum îmi imaginez exact

cum stau lucrurile.

Inima ta e moartă

pentru mine.

Poem fără titlu

Numai ape imense,

nesfârşite,

numai furtuni sfâşiate de privirile

mele.

La *Nord-est,* norii scriu pentru tine

poeme

şi le agaţă de pereţii muntoşi, abrupţi

ai Romsdalsfjordenului.

Aripile amintirilor s-au lipit strâns,

până la durere,

de timpul trecut.

Nu zic,

au încercat să se înalţe de mai multe

ori,

însă…, n-au reuşit.

Aceste ape imense ale Nordicului

mi-au îngheţat inima.

Pe faleza portului Alesund

a rămas cineva

şi nu mai reuşeşte să contemple

iarăşi,

cu drag,

apele imense, nesfârşite

şi furtunile destrămate de Cercul

Polar de Nord.

3.Scribul de mâine

Salificare

vă asigur

nu veţi descoperi

în corpul meu

decât o formulă chimică

de oxid salin de fier

vă asigur

nu-mi veţi găsi

în circuitul meu sangvin

decât un lichid salin

vă asigur

nu veţi atesta în versurile mele

decât îmbinări de cuvinte

salificate

***

sincer
regret că nu sunt un scrib
de prin secolul al XII-lea
să-ţi poţi caligrafia un alt *Roman de la
Rose*
ca şi Chrétien de Troyes

dar ştii prea bine
că nu reuşesc să-mi transform
dragostea
în fire rezistente pentru parâme
iar strâmtorile nordice
intrate adânc în uscat
cu maluri abrupte
sinuoase şi înalte
pline de întuneric
îmi ascund căile spre tine

Singurătate în vid   Vitalie Răileanu   *Loneliness in the void*

voi înota prin multe ape nestăpânite

învârtindu-mă în vârtejurile

din Marea Mânecii

ca să nu ajung niciodată

la *Capul Bunei Speranţe*

cu mâinile

cu dinţii

ţinându-mă de aripile unui calcan

leopard

ca un matelot

lovit de furtună

de pe corabia lui Ibn Battuta

ce caută ieşirea din vasul naufragiat

îmi voi concepe exodul din mine

nu mai am atât de mult

şi încă n-am murit

pentru că respiraţia ta

îmi ozonează şi astăzi plămânii

de *Om-amfibie*

aşa că mai pot compromite

timpul

spaţiul

şi acest labirint ce l-ai conceput doar

tu

care duce spre *Marele cerc de foc*

iar eu

abandonat

voi penetra agonia

Parole d'honneur!

Dor de Tine...

astăzi dimineaţă

în zori

am fost un cristalin de soare...

m-a metamorfozat vântul de nord-est

şi valurile plumburii

ale Atlanticului rebel

ca mine

la amiază

fără ca să simt

m-am transformat într-o

picătură de sânge

şi am început să curg prin venele tale

să caut ochii

buzele

mâinile

sânii tăi

şi să picur

în lacrimi

spre seară

m-am ascuns

în vise şi dor de Tine…

acum nu mai sunt nici Eu

nici Tu

ci un cristalin de soare…

Vreau să cred

vreau să cred
că te doare această despărţire
deoarece
mai simt cum te hrăneşti
din muşchii arterei coronare a inimii
mele
gustând şi din privirea ochilor

astăzi
mai eşti între patru silabe atât de vii
eu – între două consoane surde
moarte
şi străine

tu nici nu ştii că m-am prefăcut într-o
cratimă
perversă
formând un antonim
ce mă doare
pe mine
şi pe tine...

***

îmi ziceai că visezi să fii plimbată

măcar o singură noapte

prin Oraşul apelor

eu te pot însoţi

doar prin această arenă acvatică

de un bleu (à la) ciel atlantic

formată din schelete de corali şi

aluviuni

unde voi arunca pe corpul tău

fitoplanctonul ce înfloreşte

şi remodelează viaţa acestui ocean

o să-ţi mai fur şi culoarea ochilor

Singurătate în vid   **Vitalie Răileanu**   *Loneliness in the void*

apoi te vei îmblânzi

iar peştii-fluturi

probabil

te vor convinge

că acest habitat marin

ne poate aparţine

vom lua această lume cu noi

construind din nisipuri albe

şi scoici de perlă neagră

Oraşul apelor din visul tău

apoi

vei fi cea mai fericită

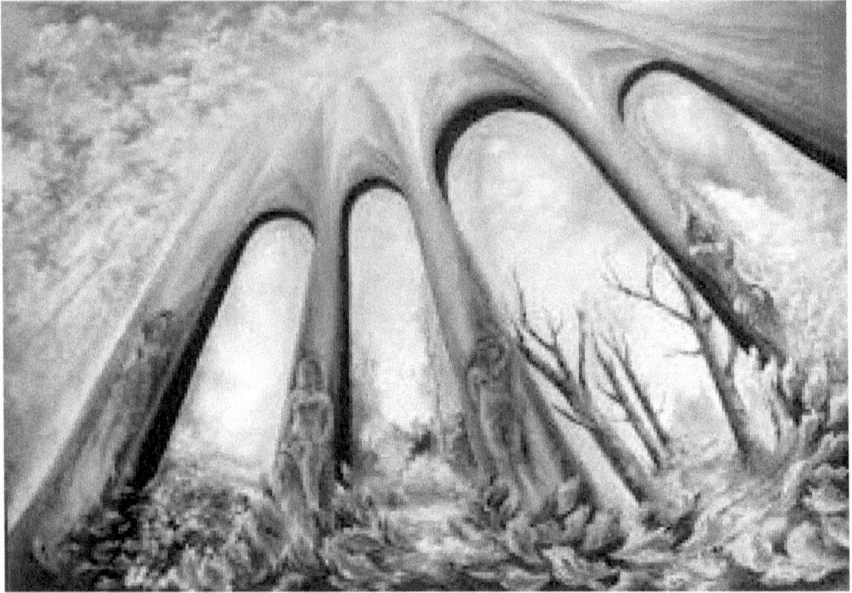

Ascultă orga eoliană

o să te iau şi pe tine în largul atlantic

să asculţi

cum orga eoliană

îţi înşală auzul

şi te leagă cu negre parâme

de singurătatea
ce se strecoară
printre degetele puse streaşină la ochi
liniile palmelor tale
iar
care mai poartă amprente şterse de
timpul prezent
făcute scoici la urechi
o să-ţi vorbească despre o vârstă

ce se bucură de lumină
iar orga eoliană
care-ţi îmbată auzul
o să-ţi adie cantabil
cât de imens
este Oceanul operelor lui Richard
Wagner
care
uite
îţi aparţine…

Apéritif la trecut...

te rog

aşază-te cu mine

la această masă ruginită

fiindcă merită să guşti din acest

pahar mic

de bar

plin cu gheaţă

în care am turnat

două măsuri de *Vermut Soda*

sau

nu mai ţin minte

poate *Martini Dry*

complimentat de o felie de lămâie

şi de două-trei fructe proaspete

adăugate la sfârşit

pentru a te face

să-mi zâmbeşti cu toţi muşchii faciali

nu ştiu dacă deosebita băutură

preparată pentru tine

care ar putea trezi din morţi

o să-ţi fie pe plac

îmi amintesc cum stăteam la o terasă

singuratică

de pe litoralul Neptun-Olimp

şi barmanul ţi-a adus într-un shaker

plin cu gheaţă

amestecând

o măsură de gin

una de vermut şi

o jumătate de măsură de Cointreu

una de suc de lămâie

şi

un strop de bitter

care formase un Corpse Reviver

strecurând amestecul într-un

pahar de martini

bine răcit

decorându-l cu o bucată de

coajă de portocală

amabilul barman a zis
că e doar pentru tine…
tu
mijind ochii
şopteai
de plăcere…
apropo
mâine o să-ţi prepar o friptură
demnă de restaurantele Michelin…

iată de când preferatul meu
este *Grapefruit Agua Fresca*
pe care mi-l prepar într-o
sondă
plină cu gheaţă
amestecat cu
o măsură de *tequila blanca*
una de vermut roşu dulce
complet
apoi

cu suc proaspăt
de grapefruit roz
nu-mi imaginez cum ai fi ripostat tu
astăzi
dar la final voi ornamenta
paharul lunguieţ şi subţire
cu câteva frunze de mentă
ştiind replica ta
„la bărbaţi
nu face bine...menta"

te rog mult
aşază-te la această masă ruginită
pe la colţuri
să ne mai amintim cum şopteai
de plăcere...

eu n-am mâncat nimic
de şapte zile...

Premoniţie

de astăzi

o să zbor cu aripile larg desfăcute

din această zi

de octombrie

sunt cel mai disperat om pe care l-ai

creat

toate-s la timpul trecut

şi ochii mei nu vor mai aduna/ căuta

frumuseţea corpului tău

chiar dacă te convingeam cândva

că eşti cea mai încântătoare

cu mari cercei de aur

în zadar te-ai întristat

că nu voi plânge nici cu ochiul stâng

doar sunt străinul pe care l-ai creat

vreau să-ţi mai spun

că doresc să-ţi împrumut fâşii de

piele

de pe braţele şi omoplaţii mei

să-ţi coşi aripe membranice

şi să reuşeşti să zbori undeva

departe

nu te bucura

că vei fi la singularia tantum

ca şi unicatul volum

al francezului Arsène Houssaye

Des Destinées de l'âme

cu coperte confecţionate

din piele de om

doar că pe aceste aripi

nu vor fi imprimate

însemnele porilor din pielea mea

eu nu sunt

încă

un cadavru

al unui suferind

iar tu nici n-ai auzit de Alan Puglia

custodele tomului legat

din pielea prelevată

de pe corpul unei femei suferinde

care murise de boli mintale...

eu sunt nebunul

ce ţi-ar permite să tai suprafeţe de

piele vie

de pe braţele şi omoplaţii săi

în fine

sunt cel mai descurajat om

pe care l-ai creat din

vise

lacrimi

sânge

sare

şi nisip negru de mare nordică

dar te asigur –

de astăzi

eu voi fi

omul *şaselui*

cu implant

by-passe

Singurătate în vid   **Vitalie Răileanu**   *Loneliness in the void*

***

ziua de luni
este una incomodă
iată de ce
dis-de-dimineaţă
fac o incursiune
eupatiei poeziei reflexive
pentru a diseca
impresiile
din cuvinte-lamă
cu un bisturiu
făcând apologia metaforei
şi a comparaţiilor
uite
că am rămas fără cuvinte obosite
şi le caut pe cele
care ar putea să-mi umple
tensiunea unei trăiri proxime
dar şi a existenţei
ca o briză mediteraneană
în anotimpul întârziat

Singurătate în vid

dimineaţa

oriunde aş fi

îmi beau cafeaua

singur

oricine ar fi în preajma mea

eu

nu sunt cu nimeni

nici cu mine

de cele mai multe ori

sunt un om

fără lume

fără loc

Singurătate în vid   **Vitalie Răileanu**   *Loneliness in the void*

de mult

sunt un tăcut enorm

de foarte mult timp

avantajele tăcerii mele

mă fac să ignor riscurile ei

căci

în tăcerea şi singurătatea mea

se consacră nu numai

posibilitatea unui răspuns

dar

şi riscul

de a mă simţi

amânat

la infinit

de a fi invitat la tăcere

şi singurătate

***

în viitorul

ce poate deveni – prezent

mă voi închide în mine

şi îmi voi suspenda existenţa

extirpată cu forcepsul (ne-)steril

din uterul însângerat

al timpului trecut

apoi voi deveni o absenţă atât

de pregnantă

încât ar putea să pară

că n-am murit

dar vreau să-ţi mai confirm

că nu va fi o singurătate

de bonton

şi nici singurătatea

geniilor triste

pe care voi rupe-o

ca pe un papilom benign

fără a avea teama

că se va transforma

într-o plagă

cancerigenă...

probabil

sunt

totuşi

o prezenţă

pentru care

mă judec

şi mă condamn

fără apel

Parapoem

un poet
care afirmă că-mi este şi prieten
spune că m-am băgat în probleme
cu poemele mele
marine…

ideea este că
marea-i pentru mine
ceva prea deosebit
prea preţios
este şi pasiunea care-mi ajută
să înţeleg realităţile banale
din existenţa omului
neobişnuit…
ceva ce apare foarte rar menţionat
în poezia unora

poemele mele
marine
sunt un mijloc de a vorbi cuiva
ceva

Singurătate în vid   **Vitalie Răileanu**   *Loneliness in the void*

Referinţe critice

Vitalie Răileanu este un poet autentic, nu doar un critic care scrie şi poezie. Amprenta personalităţii sale artistice e netă, timbrul vocii, distinct, iar originalitatea în cadrul temei marine, evidentă. Sper că critica de la Chişinău va fi receptivă la o poezie care nu are contingenţe în lirica basarabeană.

Răzvan Voncu

Poezia lui Vitalie Răileanu nu e o plutire în derivă, căci există şi un far luminos, semnalat discret, în acord cu poezia sa, printre valurile neogoite. Este vorba de chipul femeii precum Capul Bunei Speranţe. Femeia e „o străină statuie de sare", în acord mai larg cu tradiţia poetică, o imagine rămasă undeva pe uscat, spre care orgoliosul şi temerarul timonier se îndreaptă şi nu va ajunge niciodată. Poezia sa e o saga, atât de îndrăgită de poet, saga aparent invariabilă, aparent monotonă şi aparent simplă, ca tema Mării.

Grigore Chiper

În critica literară, Vitalie e un spirit lucid şi sagace. În poezie însă, e un spirit dezlănţuit, ca o furtună în ocean. Universul pe care-l aduce în poezia basarabeană e unul completamente inedit. Nimic nu aminteşte de colegii săi de generaţie. Nimic nu aminteşte de textualism şi de intertextualitate, de jocurile livreşti şi de postmodernism. El vine în poezie cu o altă temă şi cu alte modalităţi de a o trata. Cu tema maritimă.

Dumitru Crudu

Loneliness in the void   **Vitalie Răileanu**   *Singurătate în vid*

Simbolice şi local utopice, poezicerile mariniste ale condeierului formalizează în limita bunului-simţ un pelerinaj interior încadrat într-un anume spaţiu geografic şi acvatic la prima vedere stimulator de emoţii şi tensiuni dinspre relaţiile interpersonale/ interumane sentimental-ironice, ludice sau gnostice în definitiv. Raportul dintre natura lor propriu-zisă trecută, prin odiseile marine şi prin cea a lucrurilor, fenomenologic reflectată într-un anume fel in „poemele de pe faleze", ce se smulge clipei, ne pun în faţa unor configuraţii tridimensionale ale inimii pornită în căutarea propriei identităţi poetice dinspre imaginaţie şi ideaţie.

Tudor Palladi

Vitalie Răileanu este un important exponent al modernismului liric basarabean, se joacă, într-un fel, cu lectorul, lăsându-se răvăşit de incertitudini şi dând aparenta impresie că este în mijlocul mării pe o plută în derivă. Astfel poziţionat, nu-l năpădeşte frica infinitei singurătăţi şi nici iminenta moarte, ci o poezie a sensului. Dacă tot timpul trebuie să treacă până va zări […] vreo faleză, atunci să treacă în meditaţie, pentru că singurătatea e unicul loc al definiţiei profunde.

Liviu Apetroaie

Poezia lui Vitalie Răileanu anunţă un poet matur, unul care deţine dexteritatea combinării formelor cu fondul şi care ştie să seducă prin imagini plastice aduse la zi. Poezia mării este aproape

204

Singurătate în vid   **Vitalie Răileanu**   *Loneliness in the void*
ca metonimică cu poezia, de aici şi un mare risc, de a cădea în capcane epigonice.

Vitalie Răileanu le-a evitat, aşa cum adevărata poezie e în stare să o facă.

Maria Pilchin

Vitalie Răileanu scrie, în autobiografie, cu pietate despre carte şi bibliotecă, iar el este o raritate bibliografică în imperiul cuvintelor. Ieşind din cercul mioritic, datorită cunoştinţelor enciclopedice culese din cochiliile de sidef, ne aduce perlele mării literare, propriul zbucium al unui romantic ancorat în realitatea contemporană a unei ţări fără faleze marine şi versurile sale care flutură ca pânza unei corăbii plecată în briza unei dimineţi noi, pentru a ne oferi, pe aripile lăstunilor, florile inedite de metaforă pentru literatura română. Creaţia lui Vitalie Răileanu este un arbore (catarg) viguros care priveşete la bora zâmbind.

(**Maria Tonu**, Toronto, Canada,
Impresii din *Singuratate în vid*)

Vitalie Răileanu

s-a născut la 25 martie 1959, satul Soloneţ, jud. Soroca, într-o familie de intelectuali. A absolvit, în 1986, Facultatea de Litere a Universităţii de Stat din Moldova. În prezent este cercetător ştiinţific la Institutul de Filologie al Academiei de Ştiinţe din Moldova, critic, istoric literar şi director al Bibliotecii „Onisifor Ghibu" din Chişinău.

Volume publicate:

„Chei pentru labirint" (articole de critică literară, magna-princeps, Chişinău, 2009), *premiul pentru debutul din cadrul Salonului Internaţional de Carte*, Chişinău, 2009;

„Ludic şi / sau ironic în poezia contemporană: puncte de vedere" (Magna-Princes, Chişinău, 2010), *premiul „Critica de întâmpinare" la Salonul Internaţional de Carte*, Chişinău, 2010;

„...Totul la prezent" (recenzii şi prezentări literare, Chişinău, 2010);

„Nicolae Esinencu. Spectacolul operei literare (exegeze literare)", (Chişinău, 2011), *premiul „Profiluri literare" al Salonului Internaţional de Carte*, Chişinău, 2011;

„Cerc în labirint" (idei şi tendinţe literare)", (magna-princeps, Chişinău, 2011), *premiul pentru critică literară şi eseu acordat de Uniunea Scriitorilor din Republica Moldova*, Chişinău, 2011;

„Anatol Ciocanu şi senectutea teiului (exegeze literare)", (profesional service, Chişinău, 2012), *premiul pentru critică*

Singurătate în vid **Vitalie Răileanu** *Loneliness in the void* *literară din cadrul Salonului Internaţional de Carte*, Chişinău, 2012;

„Academicianul Mihai Cimpoi – savantul timpului prezent (exegeze literare)", (Viaţa arădeană, Arad, 2012);

„Poeme şi epistole în zbucium (carte postumă, din creaţia lui Petru Dudnic)", (Notograf Prim, Chişinău, 2012), *premiul Uniunii Scriitorilor din Moldova acordat la Salonul Internaţional de Carte*, Chişinău, 2013;

„În dialog cu omul şi despre om (interviuri şi schiţe de portret)", (Grafema Libris, Chişinău, 2013);

„Pavel Balmuş sau forţa inepuizabilă a unui intelectual", (Grafema Libris, Chişinău, 2013);

„Exod din labirint (articole de critică literară)", (Tipo Moldova, Iaşi,2013);

Vitalie Răileanu. „reversul ludic al (dia)criticului" (colecţia opera omnia publicistică şi eseu contemporan), Tipo Moldova, Iaşi, 2014;

Vitalie Răileanu „imun la naupatie" (volum de versuri, colecţia Opera omnia, poezie contemporană), (Ed.Tipo Moldova, Iaşi, 2014);

***

Vitalie Răileanu „poeme de pe faleze", (Ed. Vinea, Bucureşti, 2015);

Vitalie Răileanu „străin printre ape", (Ed. Junimea, Iaşi, 2016).

Loneliness in the void   **Vitalie Răileanu**   *Singurătate în vid*

Singurătate în vid **Vitalie Răileanu** *Loneliness in the void*

CUPRINS

Vitalie Răileanu

Poeme din volumul – *Imun la naupatie*

Poeme din volumul *Poeme de pe faleze*

Poeme din volumul *Străin printre ape*

"Marele Val de la Kanagawa",
FotoCredit: Wikipedia,
artist Katsushika Hokusai (1760 - 1859), Japonia 149

1. *Poeme pentru timpul trecut*

2. *Insula din ziua de azi*

Singurătate în vid **Vitalie Răileanu** *Loneliness in the void*